Sont parus dans cette série :

1. Les farces de Mélanie
2. Le trésor de Grégoire
3. Pioupiou s'évade
4. Mistouffe, le petit poney
5. Pimprenelle et le poireau farceur
6. L'amitié de Mathieu et Kazan
7. L'escapade de Julie Moineau
8. Tibo, le petit chien sourd
9. Quatre cousins mènent l'enquête
10. Une émouvante rencontre
11. Le château des vacances
12. Picolinette ou la poupée magique
13. Les amis de Cadichon
14. Les exploits de Cadichon
15. Les mémoires de Cadichon
16. La vie au moulin de Cadichon
17. Nicolas à la ferme
18. Pas de panique Ary !
19. Quel chaton turbulent !
20. Caramel le gentil caniche
21. Une surprise pour Natacha
22. D'incroyables vacances !
23. La semaine folle de Carole Domissol
24. Le cirque Fric-Frac
25. Zip, l'hirondelle
26. La balade des jouets
27. Minoutte, la petite chatte
28. Adorable Ciboulette

Dans notre série : « Mini-Club » :

QUATRE COUSINS MÈNENT L'ENQUÊTE

Une histoire de
Dominique Gardé

Illustrée par
Jacques Geron

Editions HEMMA

Chapitre I

SUR LE CHEMIN DU RETOUR

– Frédéric! attends-moi! crie Samantha.
Elle pédale de toutes ses forces pour rattraper son frère. Celui-ci appuie encore plus sur les pédales. Il veut distancer la bicyclette de sa sœur.

Samantha est une charmante brunette de neuf ans, toute bouclée. Bien que menue, elle est plutôt du genre «casse-cou». Elle adore partager les jeux de Frédéric, de deux ans son aîné.

– Tu n'es pas gentil ! Je le dirai à maman ! se plaint Samantha.

– Toutes les mêmes, ces filles ! soupire le garçon.

Il met pied à terre et attend.

La journée est belle en cette fin de juin. Après l'école, les deux enfants regagnent à bicyclette le charmant hameau appelé «Kernoa» où ils habitent.

Leur maison, *Les Récifs*, est éloignée de l'école. Mais elle est si près de la mer qu'ils ne regrettent pas d'avoir du chemin à faire.

Samantha rejoint enfin son frère. Tous deux longent le bassin, quand, avec un ensemble parfait, ils adressent de grands signes d'amitié à une tache blanche de l'autre côté du port. C'est papy, leur grand-père. Au bout de la jetée, près de la vieille écluse, il est occupé à son passe-temps favori : la pêche à la ligne.

– Je parie que ce soir, je gagne!

s'écrie Samantha en s'élançant sur la grande côte menant à Kernoa. Cette course est devenue une espèce de cérémonie entre le frère et la sœur.

Mais comme d'habitude, Frédéric arrive le premier au sommet. L'air triomphant, il attend sa sœur. Elle le rejoint, rouge, essoufflée et l'air boudeur.

– Il fait trop chaud, aujourd'hui, dit-elle en reprenant sa respiration, c'est pour ça!...
Frédéric éclate de rire : — tu trouves toujours une excuse!
En arrivant en vue des *Récifs*, ils actionnent vigoureusement leurs sonnettes. Un bolide marron surgit alors du jardin.
– Zozo! Zozo! appellent-ils en chœur.
Le caniche, ravi, court autour des vélos. Il va de l'un à l'autre en remuant son bout de queue; la journée est longue sans ses petits maîtres.
Madame Brazidec, leur maman, les accueille avec un grand sourire.
– J'ai une bonne nouvelle à vous annoncer! dit-elle.

Les enfants sont étonnés.
– Devinez qui va arriver la semaine prochaine? demande maman.
– Je donne ma langue au chat, répond Samantha.
– Moi aussi! dit Frédéric.
– Yannick et Sabine! Je viens d'avoir un coup de téléphone de tante Claudine. Oncle Jean ne peut pas fermer le garage cette année. Alors, les enfants viendront passer leurs vacances ici.
– Chic! Quand arrivent-ils? interroge Frédéric impatient.
– Lundi après-midi, dit maman.
– Seulement? Ça va être long, soupire Samantha. Pourquoi pas avant?
– Et l'école? paresseuse!
– Ça passe vite quatre jours.

Chapitre II

UN JOUR SANS FIN

Frédéric et Samantha ne tiennent plus cn place. Le soir, après la classe, ils tournent en rond. Toutes les activités qu'ils aiment d'habitude ne les satisfont plus. Lundi leur paraît toujours aussi loin.

Et pourtant, le grand jour finit par arriver.
Oui, c'est lundi; oui, c'est le jour J ! n'empêche, il faut attendre dix-sept heures et c'est long !
Ils vont et viennent dans la maison.
Ils traînent leur ennui, jusqu'au moment de partir à la gare.
Les voilà sur le quai. Ils sont nerveux. Le haut-parleur annonce

l'arrivée du train. ENFIN!!!
Dans un grincement épouvantable, l'express de Paris stoppe. Par chance, dans le wagon qui s'arrête juste devant eux, Samantha et Frédéric aperçoivent Yannick et Sabine. Sont-ils chargés! Heureusement, le contrôleur qui a veillé sur eux pendant le trajet, leur donne un coup de main.
Les cousins descendent du train. Samantha et Frédéric se précipitent.
– Vous ne devez pas avoir beaucoup de soleil à Paris! s'exclame Frédéric en guise d'accueil.
– Pourquoi? demande Yannick.
– Vous avez un teint de navet.
– Oh! ça va! répond Sabine, vexée.
– Ça suffit! dit madame Brazidec,

vous n'allez pas vous chamailler tout de même !
C'est vrai que les deux petits parisiens ont des mines pâlottes ; ils ont besoin de l'air du large pour colorer leurs joues ; tous deux ont le même âge que Frédéric et Samantha ; les deux garçons sont les aînés.

– Ce n'était pas la peine d'apporter vos épuisettes, nous en avons à la maison ! remarque Samantha.

– Je parie que vous ne savez pas reconnaître une crevette d'un crabe, vous, les parisiens ! se moque gentiment Frédéric.

Les deux enfants éclatent de rire ; ils ont l'habitude des moqueries de leur cousin.

– On verra, disent-ils.

– Arrête tes bêtises, Frédéric, et

dépêchez-vous de monter en voiture! dit madame Bradizec.

Aussitôt dit, aussitôt fait. Bientôt, la voiture roule en direction des *Récifs*.

La vieille bâtisse de granit a abrité de nombreuses familles au cours des années. Elle a entendu bien des rires d'enfants! Quel charme dans ces pierres recouvertes de vigne vierge!

Le temps semble avoir évité de griffer les murs. Les heures ont dû arrêter leur ronde. Les tempêtes se sont déchaînées autour d'elle. Le vent s'est acharné : en vain !
Chaque fois, elle est sortie victorieuse de ces batailles. A présent, elle se dresse toujours solide face, à la mer. Elle sent la cire et la pomme. C'est l'odeur propre aux demeures anciennes.
Il fait bon vivre ici. C'est bien agréable de s'endormir le soir, bercé par le bruit des vagues !
Aux *Récifs*, on prend le temps de vivre ; les parisiens le sentent tout de suite en franchissant le seuil.

Chapitre III

UN SIGNAL MYSTÉRIEUX

Après avoir profité au maximum de la fin de la journée, les enfants montent le soir dans leurs chambres. Sabine partage celle de Samantha et Yannick celle de Frédéric.
Les fillettes sont fatiguées, mais elles

n'arrivent pas à s'endormir. Il fait très très chaud.
Sabine n'y tient plus :
– Sam, tu dors?
– Non! J'étouffe, répond Samantha.
Elle arrache les couvertures et d'un bond se retrouve pieds nus sur le sol. Elle se dirige vers la fenêtre grande ouverte. Elle dit :

– J'ai besoin d'air.
Elle respire à fond. La nuit est sombre. Il n'y a pas de lune et de gros nuages menacent.
– Ce qu'il fait noir ! dit Samantha.
Elle regarde attentivement la nuit, puis, soudain prévient sa cousine :
– Qu'est-ce que c'est, là-bas ? Viens voir !
Sabine, surprise,se lève d'un bond et rejoint Samantha.
– Qu'y a-t-il ?
– Une lumière bizarre.
– Je ne vois rien.
– A droite ; près du blockhaus ; précise Samantha.
Sabine l'a vue. Elle interroge.
– Qu'est-ce que c'est ?
– Je l'ignore, répond Samantha et ça bouge.

Elles se mettent d'accord pour aller prévenir les garçons.
Les voilà dans la chambre des cousins. Elles les secouent dans leur sommeil profond :
– Réveillez-vous.
– Hein ? Quoi ?
Ils se frottent les yeux. Ils se demandent s'ils ne font pas un cauchemar. Pas du tout : c'est la réalité.
Samantha et Sabine sont devant eux.
– Il y a le feu ? s'inquiète Yannick.
– Non, répond Sabine, mais des choses étranges sur la corniche.
Ils sont debout. Cela devient intéressant.
– Allons voir cela, déclare Frédéric.

Chapitre IV

L'OBSERVATION

Une fois arrivé dans la chambre des filles, Frédéric interroge :
– De quel côté sont vos *drôles de choses ?*
– Près du blockhaus !
– En effet, une lumière bouge,

convient-il.
– Regardez ! elle a disparu !
– C'est bien la peine de nous avoir réveillés, grogne Frédéric. C'était sans doute quelqu'un qui promenait son chien.
– Moi, je suis sûre que non ! affirme Samantha.
– Peuh !... ça voit des mystères partout, les filles ! dit Frédéric d'un ton méprisant.
Il quitte la fenêtre.
– La lumière ! elle est revenue ! crie soudain Yannick.
Frédéric et Samantha se précipitent de nouveau à la fenêtre...
– Tu as la berlue !
– En bas, sur la plage !
– Tu as raison, reconnaît Frédéric. Regardez, sur la mer ! On dirait qu'il

y en a une autre. Oh! elle n'y est plus!

– Alors, là-bas, c'est aussi un promeneur avec son chien, en pleine mer? questionne Samantha en riant.

– Chut!... Ecoutez!... on dirait le bruit d'un moteur! dit Yannick.

Les enfants retiennent leur souffle. Dans le silence de la nuit, ils entendent un bateau. Celui-ci semble se

rapprocher de la côte.
– La lumière revient ! C'est sûrement un signal ! dit Samantha.
– Vous pensez à des trafiquants ? s'inquiète Sabine un peu effrayée.
– Pas impossible ! répond Frédéric.
– Des trafiquants de quoi ? reprend Samantha.
– De drogue, sans doute, affirme Yannick. A Paris, en ce moment, il

y a toujours des histoires de drogue dans les journaux!

– A Paris, peut-être, mais pas ici! répond Frédéric.

– Il doit y avoir une vedette au large. Un petit bateau fait probablement la navette pour décharger la marchandise ou l'embarquer...

Les langues vont bon train; les enfants ne manquent pas d'imagination et chacun donne son avis.

– Ou alors, ce sont des cambrioleurs.

Ils pillent des maisons sur la côte et emportent leur butin par mer, suggère Sabine.

– On en aurait entendu parler.

– Le meilleur moyen de savoir la vérité est d'ouvrir l'œil, déclare Frédéric.

– Les vacances commencent bien, constate Yannick.
– Avons-nous eu tort d'aller vous chercher? interroge Samantha; ce promeneur de chien semble pour le moins bizarre, non?
Sa phrase à peine finie, une voiture démarre non loin de là, près du blockhaus. Elle passe à toute vitesse devant les *Récifs*.
– Ils repartent sûrement; on ne saura rien de plus ce soir; le mieux est d'aller au lit pour être en forme demain. Nous avons nos enquêtes à mener. D'abord, on ira du côté du blockhaus, dit Frédéric.
– Oui! on trouvera peut-être des signes! continue Sabine.
Et ils vont se coucher.

Chapitre V

LA CHASSE AUX SIGNES

Le lendemain matin, les enfants prennent leur petit déjeuner en silence. Ils pensent aux événements de la nuit et font des plans pour commencer leur enquête.

– Quels sont vos projets ce matin ?

questionne madame Brazidec.
– On va explorer le blockhaus, répond Frédéric . Il essaie d'être naturel.
Madame Brazidec s'étonne :
– Vous le connaissez.
– On va peut-être découvrir un mystère, affirme Sabine.
Madame Brazidec s'esclaffe :
– Tu as de l'imagination. Ce blockhaus, ouvert à tous les vents, n'est pas bien mystérieux.
Il faut se hâter... Sabine, toute à sa rêverie, en oublie de déjeuner.
Frédéric s'impatiente :
– Dépêche-toi, ou nous partons sans toi.
Sabine engloutit son café, refuse la tartine énorme. Elle suit le trio et Zozo déjà loin devant.

En approchant du blockhaus, ils ralentissent, puis s'arrêtent.
– Pas de bruit, recommande Frédéric. On va se séparer maintenant. Yannick et Sam, vous irez à gauche; Sabine et moi à droite. S'il n'y a rien de suspect, je sifflerai un coup. Vous ferez la même chose si tout est normal dans votre coin. Ensuite, vous nous rejoindrez au blockaus.

Yannick et moi irons à l'intérieur.
Sitôt dit, sitôt fait. Les quatre exécutent le plan de Frédéric. Rien de fâcheux, car au coup de sifflet de Frédéric répond celui de Yannick. Tout est pour le mieux et les enfants se retrouvent.

– Calme absolu, dit Yannick. Une seule découverte : cette cigarette aux trois quarts consumée.

Samantha est fière de la prétendue preuve.

– Elle devait appartenir aux gens qui faisaient le signal, dit-elle. Mais Frédéric lui ôte ses illusions d'un coup.

– C'est possible, mais non certain, dit-il. En cette saison, il y a beaucoup de promeneurs par ici. Continuons à chercher. Vous n'avez rien d'autre?

– Non, répond Samantha, consternée.

– Etes-vous descendus à la plage? demande Sabine.

– Inutile. Le terrain est trop à découvert, répond Yannick.

– Tu as raison, dit Frédéric. Nous irons ensemble en passant par les rochers de la pointe de Guilben.

Je pense que nous ne saurons plus grand-chose à présent. Le mieux est de revenir la nuit.

– Maintenant, dit Yannick, allons dans le blockaus. A tout à l'heure, les filles. Restez avec Zozo. Si jamais nous ne revenions pas d'ici à un quart d'heure, allez chercher de l'aide au plus vite. D'accord?

– D'accord, répondent les cousines en chœur.

Zozo ne désire pas être en reste :

– Ouah! ouah!

Cela signifie :

– Comptez sur moi.

– Prêt, Yannick?

– A vos ordres, chef!...

Les deux garçons s'enfoncent dans les taillis. Frédéric ouvre la marche et fait signe à son cousin de s'arrêter

de temps en temps. Il écoute. Mais c'est le silence. Les deux garçons avancent prudemment. Les voilà tout près de l'entrée.
Frédéric s'élance vers l'espace découvert et se plaque contre la paroi. Il tend l'oreille.
Rien! Seul, son cœur bat à coups précipités, prouvant sa peur.
D'un geste rapide de la main, le

garçon fait signe à Yannick de le rejoindre. Ils avancent avec précaution, dos collé au mur, jusqu'à une ouverture longue et étroite; Frédéric y passe la tête. Un rapide coup d'œil à l'intérieur le rassure : personne!

En revanche, beaucoup de papiers sales jetés par des promeneurs négligents, et des gravats.

– C'est dégoûtant! remarque-t-il. Viens, on y va!

A l'intérieur, ils trouvent seulement des ordures; ils examinent le sol, les murs : aucun signe!

Chapitre VI

UNE DÉCOUVERTE INTÉRESSANTE

Ils ressortent un peu déçus et rejoignent les filles. La conversation s'engage.

– Alors? questionne Samantha.

– Rien! répond Yannick.

– N'abandonnons pas! dit Samantha; on trouvera peut-être quelque chose à la plage!
Ils prennent un sentier qui longe la falaise; leurs pieds foulent une espèce de tapis de bruyère rase aux jolis tons de mauves; ils avancent en file indienne, car le chemin est étroit et bordé d'ajoncs.
– Soyez naturels. Ayez l'air de jouer dans les rochers, ordonne Frédéric arrivé en bas.
Ainsi, de rocher en rocher, tous s'approchent de la crique située sous le blockhaus.
Soudain, un aboiement retentit.
– C'est Zozo! disent en même temps Frédéric et Samantha. Elle a dû repérer quelque chose!
– Elle va nous faire remarquer!

s'inquiète Sabine.

– Venez! dit Frédéric.

Ils s'élancent vers l'endroit d'où proviennent les aboiements. Légers comme des cabris, ils sautent sans bruit de pierre en pierre.

Soudain, Frédéric fait signe de s'arrêter. Il risque un œil entre deux rochers.

– Il n'y a personne... constate-t-il;

et puis, après tout, la plage est à tout le monde! On y va!

– Regardez! Zozo a trouvé un bateau! s'écrie Samantha.

En effet, la chienne vient à leur rencontre, en aboyant. Elle repart en remuant la queue et s'arrête devant le bateau.

– Tu n'es pas discrète, tu vas nous faire repérer, gronde doucement

Samantha.
– Tu crois que c'est à eux? demande Sabine à son frère.
– Je ne sais pas. Vous l'avez déjà vu ce bateau? s'inquiète Yannick.
– Jamais! répond Frédéric, affirmatif; d'ailleurs, personne ne laisse son bateau par ici.
– C'est le leur! conclut Sabine.
Ils s'approchent de l'embarcation et l'examinent. Elle est assez jolie, blanche, pas très grande; le moteur a été enlevé et l'intérieur est désespérément vide. Pas le moindre signe! Aucun numéro sur la coque! Aucun nom! La porte de la petite cabine où l'on range le matériel est fermée. Le bateau, amarré très haut sur la plage, au ras de la falaise, est retenu par une grosse chaîne. Celle-

ci est attachée à un piton planté dans le rocher.

– On ne risque pas de le voler, au moins ! constate Yannick.

– Il ne nous reste plus qu'à le surveiller si on veut en savoir davantage ! En tout cas, voilà un repère de taille ! dit Sabine.

– Un peu gros, répond Samantha. Est-ce que des trafiquants le laisseraient à la vue de tous ?

– Justement, il ne l'est pas ! Dans cette crique, il est bien camouflé ; à mon avis, histoire à suivre ! déclare Frédéric.

Chapitre VII

PREMIER SOIR DE GUET

Le soir, après le dîner, ils se retrouvent tous les quatre dans la chambre des filles.

– Il ne fait pas encore assez nuit, fait remarquer Samantha; nous ne verrons rien.

– Si on jouait à quelque chose en attendant ? propose Sabine.

– Aux charades, décide Yannick.

– On les connaît toutes. Il faudrait en apprendre de nouvelles, déclare Frédéric.

– J'ai une autre idée, dit Sabine. On va chercher des noms, par exemple des noms de fleurs. On donne la première lettre et la dernière, et le nombre de lettres que comprend le mot. Celui qui trouve propose un nom de fleur à son tour.

– On connaît ça; c'est bien! Qui commence? interroge Samantha.

– Moi, dit Sabine.

Le jeu passionne tellement les enfants qu'ils en oublient leur guet.

– Nos bandits! s'écrie soudain Samantha. Il fait nuit maintenant. Regardons ce qu'il en est.

Les autres la suivent à la fenêtre. Sabine s'exclame :

– On ne voit rien. Ils se sont peut-être aperçus que nous les avions repérés. Ils ont dû nous voir tourner autour de leur bateau.

Un silence plane. Il est soudain interrompu par Frédéric.

– Et même si cela était, tu crois

qu'ils auraient peur de nous? Si ce sont des gangsters, ils ne se laisseront pas ennuyer par des gosses comme nous.

– Tais-toi; tu me donnes la chair de poule, dit Sabine en frissonnant sans cacher sa crainte.

Samantha semble un peu déçue. Elle déclare :

– Je crois qu'ils ne viendront plus ce soir.

– Ils ne se retrouvent pas forcément chaque soir, fait remarquer Yannick très sagement.

– Bon, dit Sabine. Nous verrons bien ce que demain nous réserve. En attendant, allons dormir. Je n'en peux plus.

Chapitre VIII

LA TEMPÊTE

Le lendemain, ils se lèvent de bonne heure; ils espèrent beaucoup de cette journée. Mais vite, leur enthousiasme se change en désespoir : la tempête fait rage avec la pluie qui tombe dru et menu. Le vent souffle

à décorner les bœufs.
Frédéric met son ciré en hâte :
– Je vais faire un saut jusqu'à la crique. Je vais voir comment est le bateau décide-t-il.
Quinze minutes interminables s'écoulent. Frédéric revient, ruisselant.
– Il a disparu ! lance-t-il.
– C'est une blague ? demande Yannick.
– Pas du tout !
Samantha intervient :
– Ils l'ont peut-être mis à l'abri.
– Ou il a été emmené au large, suggère Sabine.
– Impossible ! tu as vu la grosseur de la chaîne, réplique Frédéric.
– Alors, on n'aura jamais la clé du mystère ! constate Sabine, visible

ment déçue.

– A quoi bon s'inquiéter ? Rien ne prouve qu'ils soient partis, fait remarquer Yannick.

– C'est sûr ! il est trop tôt pour conclure ; après la pluie, le beau temps, répond Frédéric. Il donne raison à son cousin.

– Que va-t-on faire, alors ? demande Sabine.

– Jouer dans le grenier.

– Et si on allait aux escargots? Cela nous ferait un prétexte pour sortir . On continuerait nos recherches! s'écrie Samantha.

– Bonne idée! répond son frère, mais il faut attendre que la pluie se calme.

Il parle avec sagesse.

Refrénant leur impatience, les

enfants rejoignent leur endroit de réunion : le grenier.
Dans un coin, les filles installent leur *boutique* pour jouer à la marchande; elles sortent des coffrets, des étalages, des flacons de parfums. Les uns sont vides, les autres pleins d'un liquide coloré.
Sabine demande :
– C'est mamy qui t'a donné tout ça? J'en ai aussi, mais moins, parce qu'à Paris nous n'avons pas beaucoup de place.
Mamy, leur grand-mère, a eu pendant de nombreuses années une parfumerie à Paris. Elle a donné à ses petites-filles ce qui ne lui servait plus. Il y a de nombreux échantillons (poudres, rouges à lèvres, crèmes, etc...). Les petites ne se lassent

pas de jouer avec ces trésors.
Pendant ce temps, les garçons s'amusent aux fléchettes à l'autre bout du grenier.
Après le déjeuner, Sabine s'écrie :
– Il ne pleut plus!
Quelques minutes plus tard, chargés de seaux, ils vont chercher les escargots.
Le ramassage est important. Ils ne voient pas le temps passer.
Lorsque la pluie recommence à tomber, les cousins réalisent que c'est l'heure du dîner.
– Ce n'est pas la peine de veiller ce soir; ils ne sortiront pas par un temps pareil, dit Frédéric, une fois le repas terminé.
Et d'un commun accord, ils décident d'aller se coucher.

Chapitre IX

UNE BONNE PARTIE DE PÊCHE

Le lendemain matin, ils ouvrent leurs volets non sans une certaine crainte. Mais un soleil radieux les salue. La tempête a laissé place à un ciel pur.

Les cousins sont ravis
– Aujourd'hui, il va y avoir du nouveau, je le sens, déclare Frédéric enchanté par le beau temps revenu. Il faudra ouvrir l'œil, ce soir.
– On peut facilement aller à la pêche, propose Yannick.
– Ouais! crient les autres, projet accepté par tous! Ils prennent leur matériel et descendent sur la plage. Yannick a choisi la pêche à la crevette. Il cherche les petits crustacés jusque dans leurs cachettes les plus secrètes.
Sabine soulève des goémons et des pierres : elle espère trouver des bigorneaux. Soudain, elle s'écrie :
– J'ai trouvé un bébé homard!
Les autres enfants accourent :

– On va voir ça.
A peine arrivés près de Sabine, Frédéric et Samantha éclatent de rire :
– Un homard?... C'est un vulgaire bernard-l'ermite!... précise Samantha.
– Qu'est-ce que c'est? interroge Sabine, déçue.
– Un crustacé. Il habite dans des coquilles de mollusques vides,

déclare Frédéric.

– Tu sais tout, Frédéric ! remarque Sabine admirative.

– Il n'a aucun mérite. C'est facile quand on habite au bord de la mer... annonce Yannick, vexé.

– Ce n'est pas votre faute, déclare Samantha. Vous passez toutes vos vacances à la montagne !

L'incident est fini. Chacun reprend

ses activités; Frédéric et Samantha ont ramassé beaucoup de palourdes. Ils décident d'aller jeter un coup d'œil à la crique du blockhaus; mais leurs cousins les suivent aussitôt.

– Regardez! il est là! s'écrie Sabine en sautant de joie.

– Tu avais raison, Frédéric, dit Samantha.

– Comme toujours! réplique fièrement le garçon.

– Allez, on rentre; c'est l'heure du déjeuner, annonce Samantha.

– Si on allait se baigner après-midi? demande Sabine.

– Bonne idée!

Après le repas, en descendant l'escalier de la plage, Sabine pousse un cri et lâche sa bouée. Celle-ci continue sa route toute seule.

– Qu'est-ce qu'il y a? interroge Samantha.

– Quelque chose a filé sur la marche. C'est parti dans les herbes répond Sabine tremblante, une main sur le cœur.

Samantha éclate de rire : Remets-toi ! C'est un lézard ! Il y en a plein. Tiens, regarde-le, là-bas ! C'est inoffensif. D'ailleurs, Frédéric en avait apprivoisé un, l'année dernière!

Sabine fait la grimace.

– Pouah !...

– Il était gentil, je t'assure; il s'appelait Mickey. Il était toujours perché sur l'épaule de Frédéric.

Arrivés sur la plage, les enfants installent leurs serviettes éponge sur le sable et les yeux fermés, se laissent dorer par le soleil.

Chapitre X

EXPÉDITION DE NUIT

Enfin, l'heure tant attendue arrive! Les enfants sont excités.

– J'ai l'impression qu'il va se passer quelque chose, dit Samantha.

La veillée s'organise. Les cousins commencent à s'y habituer.

Les deux garçons font une partie de cartes ; les filles évitent d'être impatientes. Accoudées à la fenêtre, elles regardent venir la nuit.
Le coucher du soleil est particulièrement beau sur la mer. Elles ne peuvent en détacher leurs yeux.
Le ciel prend des teintes orangées, puis roses. Elles se reflètent dans l'eau. Et le soleil disparaît doucement derrière la ligne d'horizon. On a l'impression de le voir plonger dans la mer.
Lorsqu'il a complètement disparu, le ciel s'assombrit et la nuit est là.
– On dirait que le soleil a été réellement englouti, constate Sabine, rompant le silence.
– Tout à fait ! dit Samantha en quittant la fenêtre.

Les cousines rejoignent les garçons et les regardent jouer.
– Ecoutez ! dit tout à coup Yannick, on dirait un moteur !
Les enfants se précipitent à la fenêtre. Ils voient passer une voiture devant la maison.
– On dirait qu'elle s'est arrêtée ! Elle est sûrement près du blockhaus ! remarque Frédéric. Pour en avoir le

cœur net, allons-y. Qu'en pensez-vous ?

– On y va ! répond Samantha. Regardez, la lumière est sur la falaise ! Ce sont les mêmes personnes que celles de l'autre soir !

Prenant des lampes électriques, ils quittent la chambre sur la pointe des pieds. Ils descendent l'escalier.

– Zozo ! appelle Samantha.

Docile, le caniche arrive aussitôt. Il sort, semble-t-il, d'un profond sommeil.
Le groupe se glisse dehors, ouvre la grille en évitant de la faire grincer. Il arrive sur la route.
– Regardez! chuchote Frédéric, la lumière est sur la mer à présent.
Sans bruit, les enfants arrivent sur la falaise. Ils se couchent pour ne pas être vus; puis rampent jusqu'à une cachette indiquée par Frédéric.
– Leur voiture est devant le blockhaus, dit Sabine en voyant une voiture bleue.
– Relevons le numéro! J'y vais! décide Frédéric en se faufilant hors de sa cachette.
Il se dépêche, reprend sa place.
De leur observatoire, les enfants

peuvent tout voir sans être vus. Allongés à plat ventre, le menton posé sur leurs bras repliés, ils attendent.

Le silence s'installe... Yannick le rompt.

– Ecoutez ! Voilà le bateau !

En effet, le bruit d'un moteur se distingue nettement.

– La lumière de la plage avance, on dirait ! chuchote Sabine.

– Ils sont deux en bas, remarque Samantha ; il faudrait descendre pour écouter ce qu'ils disent...

Chapitre XI

UNE CONVERSATION INTÉRESSANTE

Frédéric décide :
– Une fois sur la plage, il faudra ramper jusqu'aux rochers.
– Compris, répond le trio.
Pendant ce temps, les deux ombres

à la pointe du rocher continuent à diriger leur lampe sur l'embarcation qui s'approche.

Les enfants, installés dans leur nouveau poste d'observation, ne perdent pas un seul geste.

– On dirait des femmes, murmure Yannick.

– Tu as raison ! répond sa cousine.

En effet, la brise venue de la mer fait

voltiger les cheveux de l'une des deux silhouettes.

– L'autre a une écharpe sur la tête, observe Frédéric.

– Elles feraient partie de la bande? s'étonne Sabine.

– Pourquoi pas? réplique Yannick.

– C'est bizarre, dit Sabine.

– Tais-toi! Tu vas nous faire repérer!

Pendant que les enfants discutent le bateau arrive.

– Alors? demande une voix féminine.

– Raté pour ce soir, répond une voix masculine de l'embarcation.

Samantha pousse Sabine du coude et lui chuchote : – Ce sont des trafiquants.

– Raté!... Pourquoi? reprend la

même voix féminine.
La femme semble angoissée.
– On vous racontera ça.
– Eclaire le passage, sinon on va s'éventrer sur les rochers ! ordonne l'autre voix.
Les deux femmes guident le bateau. Il s'échoue sur le sable.
– Mais qu'avez-vous fait ? demande l'autre femme. On a vu votre lumière tout à l'heure du haut de la falaise. On vous a fait signe et vous n'avez pas répondu !
– Ce n'était pas nous, mais la gendarmerie maritime ! Quand on a aperçu leur vedette, on a juste eu le temps de couper le moteur et de nous allonger dans le bateau. On a eu chaud ; ils ne sont pas passés loin ! Alors, on n'a pas pu se rendre

jusqu'à l'endroit prévu !

– Et avant ?

– Une panne de moteur ! Certains jours, tout va de travers ; il ne faut pas insister !

– Un coup pour rien ! constate une des femmes.

L'homme la rassure :

– On se rattrapera demain.

– Et si les gendarmes vous ont

repérés ? Ils vous guetteront.
Il vaudrait mieux attendre.
De nouveau, l'homme semble sûr :
– Tu n'as rien à craindre. S'ils nous avaient vus, ils ne nous auraient pas lâchés ! Allez, on y va ! Ho !... hisse !

Les deux hommes remontent le bateau, l'amarrent. Ils reviennent prendre le moteur. Ensuite, les quatre personnes regagnent leur voiture.
Les enfants se regardent, ahuris.
– Plus de doute ! c'est une histoire louche ! Il faut revenir demain, dit Yannick.
Mais Sabine déclare :
– Impossible ! nos parents arrivent pour passer le 14 juillet avec nous.
– Il faudra pourtant, dit Frédéric.

Chapitre XII

SOIR DE FÊTE

Les parents de Yannick et Sabine sont arrivés en fin d'après-midi avec Stéphanie. C'est leur petite sœur de trois ans. Mais le soir, impossible de s'en aller. !
Les enfants sont navrés.

Le lendemain, ils doivent aller chercher des aiguilles de pin, car une *éclade* de moules est prévue pour le repas du soir.

– On va faire un détour par la crique, décide Frédéric.

– On dirait que le bateau a bougé, constate Samantha en s'approchant du bord de la falaise.

– Ils ont dû sortir hier soir, comme ils l'avaient dit, poursuit Yannick.

– C'est bête de les avoir manqués, dit Samantha.

– Et ce soir, on ne pourra pas y aller, dit Sabine.

– Pense à la bonne soirée que nous allons passer. Et puis, ils seront peut-être à la fête. Qui sait ? dit Frédéric.

Après un magnifique feu d'artifice

tiré entre les deux bassins, juste à l'endroit où papy a l'habitude de pêcher, la foule se dirige vers la place illuminée. C'est là que le bal doit avoir lieu.

– On vous retrouve ici ! annonce Frédéric à son père.

– D'accord !

Les quatre cousins espiègles disparaissent dans la cohue en riant. Ils

ont des confetti. Ils s'arrêtent un peu plus loin pour discuter.

– Quelque chose d'intéressant? interroge Frédéric.

– Non! répond le trio.

– Dommage! j'espérais.

– Et si on les avait vus, qu'aurait-on fait? Rien du tout! dit Samantha.

– Sans doute! admet son frère.

– On va continuer à chercher en lançant nos confetti! dit Sabine. Elle se faufile rapidement dans la foule.

Ils la suivent, se glissent entre les danseurs. Ils jettent leurs confetti.

Soudain, Yannick arrête Frédéric :

– Eh! chuchote-t-il, là-bas, à gauche, derrière le gros bonhomme qui se trémousse, on dirait la fille aux cheveux longs!

Frédéric essaie de voir la personne en question. En vain! De nouveaux couples de danseurs viennent leur boucher la vue.

– On va s'approcher! dit-il en se faufilant.

Les voilà près de la fille. Frédéric lui donne une légère tape dans le dos. Au moment où elle se retourne, il lui envoie une poignée de confetti en pleine figure. Avant qu'elle ait pu voir quelque chose, les cousins se sont enfuis...

– On l'a bien eue ! s'esclaffe Frédéric. Oui, on dirait que c'est elle !

– C'est malin ! Elle aurait pu nous repérer ! D'ailleurs, c'est peut-être fait ! dit Yannick.

– Ne t'inquiète pas ! Elle n'a pas eu

le temps de me voir ! Chut !... voilà papa.

Monsieur Brazidec se dirige vers eux :

– Alors, les garçons ! Nous vous attendons pour partir. Samantha et Sabine sont avec maman. Dépêchez-vous !

Sur le chemin du retour, Yannick et Frédéric racontent leur exploit aux deux filles.

– Pourquoi ne nous avez-vous pas appelées ? demande Samantha furieuse.

– On ne savait pas où vous étiez, et on ne voulait perdre notre piste ! répond son frère.

Samantha se calme.

– Bon, on ne va pas se disputer, déclare-t-elle. Et le gars qui dansait avec elle, c'était un homme de l'autre soir?

Question intelligente et non prévue.

Les deux cousins se regardent :

– Nous n'avons pas songé à le regarder, avoue Yannick.

– C'est malin! ...On y aurait pensé, nous! n'est-ce pas, Sabine?

– Evidemment! répond Sabine.

– Mais l'homme a dû vous voir! s'exclame Samantha.

– Rien à craindre. Tout s'est passé très vite! assure Frédéric.

– Je l'espère bien! Sinon, reste une solution : je continue l'enquête seule avec Sabine!

Samantha est très fière; les garçons, penauds.

Chapitre XIII

L'ÎLE DE BÉNIGUETTE

Le lendemain de la fête, ils vont renoncer au guet ; ils se couchent de bonne heure : une partie de pêche aura lieu demain.
Ce matin, grand remue-ménage. On est debout à six heures.

– Couvrez-vous bien, recommande monsieur Brazidec, il fait froid en mer, à cette heure-ci. N'oubliez pas le casse-croûte. Je vous attends au bateau !

– D'accord ! crie la bande.

Quelques minutes plus tard, les enfants revêtus de leurs gilets de sauvetage, attendent que monsieur Brazidec largue les amarres ; puis, le bateau s'éloigne du ponton. Il vire et prend la direction du large.

– La côte est belle, vue d'ici ; tiens, j'aperçois les *Récifs* et plus loin, le blockhaus ! s'écrie Sabine.

Elle est ravie de sa découverte.

Les enfants se regardent. Ils s'adressent un sourire d'entente.

– On va se rapprocher de l'île de Béniguette ; c'est un bon coin pour

les maquereaux, dit monsieur Brazidec.

Frédéric explique : – Ces drapeaux marquent l'endroit des casiers.

– Voilà pourquoi il y en a plein sur les chalutiers, répond Yannick.

– Nous arrivons à l'île! déclare Samantha. Tiens, il y a un bateau!

– Il ressemble à celui de la crique, dit Frédéric à son tour.

– Quel bateau? Quelle crique? demande monsieur Brazidec.
– Un bateau qui est depuis quelques jours dans la crique du blockhaus, répond Samantha.
– A cette époque de l'année, ce n'est pas étonnant; il appartient sûrement à des vacanciers.
– Il a l'air vide! dit Sabine.
La côte est très proche et le bateau est visible.
– Ses occupants doivent se promener, dit monsieur Brazidec.
– Tu crois, papa? C'est une propriété privée! dit Samantha.
– Cette île est inhabitée depuis longtemps, déclare monsieur Brazidec.
Ils mettent tous pied à terre.

Chapitre XIV

HALTE SUR L'ÎLE

– Je me demande si c'est le bateau de la crique ! dit Frédéric. Il n'y a ni nom, ni numéro dessus.

– Ce modèle est très courant, affirme monsieur Brazidec.

Yannick montre du doigt une vieille

bâtisse à demi en ruine. On l'aperçoit à travers les arbres.

– Qu'est-ce que c'était?

– Une grande ferme! répond monsieur Brazidec; une importante exploitation. Le vieux fermier est mort voici une quinzaine d'années.

– Personne ne l'a habitée depuis?

– Non, les héritiers se sont montrés le temps de vendre les bêtes. Puis,

on ne les a plus revus. La ferme, abandonnée, est tombée en ruine petit à petit ; c'est dommage ! répond monsieur Brazidec.

– Ecoutez ! dit Frédéric, un doigt sur les lèvres, on dirait des coups de marteau !

En effet, des coups sourds semblent provenir des ruines.

– Il y a peut-être un trésor caché dans la ferme, dit Samantha.

– Et pourquoi pas ? Ils ont pu trouver une carte au fond d'une vieille malle avec un plan de l'île, suggère Yannick.

Monsieur Brazidec s'esclaffe.

– Vous lisez trop d'aventures ! Pour le moment, pensez à la pêche.

Là-dessus, il apprend à ses neveux la façon de se servir des lignes. Et

bientôt, pour la plus grande joie de tous, les poissons viennent nombreux mordre aux hameçons.
Le temps passe très vite. Les pêcheurs sont bien occupés.
Madame Brazidec attend le retour du bateau sur le ponton. Elle demande :
– Alors, les enfants? ça a mordu?
– Formidable! s'écrie Sabine, enthousiaste.
– Et on a une faim de loup! ajoute Yannick.
– Vous n'avez pas mangé vos sandwiches? s'étonne madame Brazidec.
– Si! mais la mer, ça creuse!... ajoute Frédéric.
– Tant mieux, alors, car le déjeuner vous attend et il est copieux.
Inutile de dire qu'on lui fait honneur!...

Chapitre XV

OÙ IL EST QUESTION DE MONSIEUR LÉON

Les pêcheurs vont faire une petite sieste après le déjeuner. Mais Samantha n'apprécie guère ce repos. Elle n'est pas contente, et elle le montre.

Elle se tourne tellement dans son lit qu'elle réveille rapidement sa cousine.

– Tu as fini de faire tout ce bruit ? rouspète Sabine ; j'ai sommeil, moi ! Samantha réagit.

– On ne va pas dormir toute l'après-midi ? Cela fait une heure de repos. C'est suffisant. Nous sommes en vacances.

– Grrr, grogne Sabine pour la forme. Et le plus fort dans l'histoire : je vais t'obéir.
Elle se lève d'un bond, souriante.
– Fini le repos ! A vos ordres, ma commandante. Que dois-je faire?
– Je crois que nous allons réveiller les garçons, dit Samantha.
Sabine est de l'avis de sa cousine.
– Tu as raison ! dit-elle. On va faire lever ces paressseux.
En avant !
D'un pas décidé, elle se dirige vers la chambre des garçons ; elle n'a pas besoin de frapper à la porte : celle-ci s'ouvre sur un Frédéric furieux :
– C'est fini ce chahut ? Vous nous avez réveillés !
Sabine est radieuse.
– Parfait ! Il y a mieux à faire qu'à

dormir ! Cela fait plusieurs jours que notre enquête n'avance pas, ce n'est pas sérieux ! Nos gangsters sont peut-être déjà repartis, déclare-t-elle.

– C'est pourtant vrai, admet Frédéric. Le temps passe si vite ! Yannick debout !

– J'arrive !... j'arrive ! dit Yannick.

– J'ai une idée ! déclare soudain Samantha ; on devrait aller voir monsieur Léon. Il est chez lui. Il pourrait peut-être nous aider. Il sait bien des choses !

– Très juste ! Allons-y ! approuve Frédéric.

Quelques minutes plus tard, nos enfants à bicyclette se dirigent vers la maison de monsieur Léon.

Ils n'ont pas perdu de temps. Ils savent ce qu'ils veulent.

Chapitre XVI

VISITE À MONSIEUR LÉON

Le vieux monsieur est assis sur un banc, devant chez lui. Il fume sa pipe. Ses traits sont très marqués et tannés par le soleil et le sel. Casquette sur la tête, il est tout à fait le vieux loup de mer, tel qu'on se le représente. c'est-à-dire cet ancien capitaine au long cours.

– Bonjour, monsieur Léon ! Vous êtes de retour ? demande Samantha en mettant pied à terre.

– Depuis quelques jours !

– Vous avez passé de bonnes vacances ? interroge Frédéric.

– Très bonnes, mon gars. Avec les enfants, le temps passe toujours trop

vite! Mais je suis quand même bien content lorsque je retrouve ma vieille maison! Et vous? Vous faites une promenade avec vos amis?

– Ce sont nos cousins de Paris, rectifie Frédéric : Yannick et Sabine! Le vieux leur sourit.

– Bonjour, les enfants!

– Vous êtes en pleins travaux, dit Samantha en voyant par la fenêtre ouverte une échelle et les meubles recouverts de toiles.

- Eh oui! je refais les peintures! Pour le moment, je m'accorde une petite pose! répond le vieil homme. Et vous ? comment occupez-vous vos vacances?

– On fait un tas de choses! Ce matin, papa nous a emmenés pêcher en mer, dit Frédéric.

– Ça a mordu?
– Quinze maquereaux et vingt tacauds! annonce Frédéric.
Monsieur Léon fait entendre un sifflement admiratif.
– Bien, bien!
– A propos, ça me fait penser à ce que l'on a vu à Béniguette, ce matin, dit Samantha.
– Quoi donc?
– Un bateau y était amarré. On entendait des sortes de coups de marteau! C'est louche.
– Monsieur Léon éclate de rire :
– Ha... ha... ha! louche! Mais non!
Il n'y a rien de louche. Ha... ha... ha... C'est trop drôle!
Devant cette soudaine gaieté, les enfants se regardcnt stupéfaits. Ils

ne s'attendaient pas à cette réaction.
– Vous savez quelque chose? demande Frédéric.
– Bien sûr!... Ce sont des parisiens comme vous, dit-il en s'adressant à Yannick et Sabine. Ils viennent s'installer sur l'île.
– Les héritiers?
– Non, pas eux; ils l'ont vendue à ces parisiens qui fuient Paris. Ils se

rapprochent de la nature.
Ce sont deux couples amis; ils veulent rendre à la ferme sa richesse d'autrefois. Pour le moment, ils restaurent les bâtiments et les modernisent.

– Ah, bon! dit Samantha, un peu déçue.

– Maintenant, les enfants, si vous le permettez, je retourne à ma peinture. Content de cette causette. Revenez me voir après demain. J'aurai fini ma peinture et si le cœur vous en dit, je vous ferai des crêpes.

– On vous remercie; on viendra! A quelle heure? demande Frédéric.

– Vers quatre heures. Ça va?

– Très bien!

– Alors, Kenavo!

N de l'auteur : Kenavo = au revoir en breton.

Chapitre XVII

PROMENADE AU CLAIR DE LUNE

Le soir, le guet reprend dans la chambre des filles. Les enfants sont impatients. Ils sont très énervés. Ils sont inquiets aussi.

– J'espère qu'ils vont venir ! Il fait

beau, et le bateau est à sa place! dit Samantha.

– Voilà une voiture!

– C'est sûrement eux!

– Ils sont venus plus tôt que d'habitude; il fait encore jour! constate Samantha.

– Impossible d'y aller tout de suite, on se jetterait dans la gueule du loup! admet Frédéric. En attendant qu'il fasse plus sombre, allons faire un tour de l'autre côté.

Quelques minutes plus tard, la bande marche sur la falaise.

– Que de monde à la *Chaumière* ce soir! dit Sabine tandis qu'ils s'approchent du restaurant.

– C'est une soirée espagnole avec paella et sangria, répond Samantha.

Frédéric les appelle :

– Venez par ici; il y a un coin en contrebas. On pourra voir les environs de la crique.

– Regardez, le bateau s'en va, fait remarquer Yannick.

– On arrive à point.

– Où vont-ils? On ne voit pas d'autre bateau au large. Peut-être y a-t-il un repaire sur l'île? suggère Samantha.

Mais Frédéric hausse les épaules :

– Sûrement pas ! Tu as entendu ce que nous a dit monsieur Léon. Le mystère est éclairci.

Samantha ne démord pas.

– On dirait qu'ils vont sur l'île, pourtant.

Yannick intervient :

– Ils la contournent.

– Bon, dit Samantha. Retournons

à la cachette de la crique.
Ils marchent en surveillant la mer, et Yannick s'écrie soudain :
– Le bateau revient !
– Dépêchez-vous ! il faut essayer de les voir ! ordonne Frédéric.
– Je n'y comprends plus rien, avoue Sabine en suivant son cousin.
Au moment où ils approchent de la crique, une silhouette apparaît sur la falaise à quelques mètres d'eux.
– Cachons-nous derrière ce buisson, vite ! chuchote Frédéric. Il fait un véritable plongeon dans l'herbe.
Il était temps ! Le groupe des «malfaiteurs» est en train de remonter.
Il se dirige vers la voiture.
– Un des hommes tient quelque chose à la main ! constate Samantha.

– On dirait un sac, précise Yannick.
– Ils le mettent dans le coffre!
Les enfants se regardent, pensifs.
– Qu'est-ce que ça peut être? C'est trop bête! Justement, ce soir, ils rapportent quelque chose et nous n'avons pas pu voir ce que c'était! Nous sommes minables!... conclut Yannick, désolé.
– Ça ne sert à rien de se lamenter! on essaiera de s'y prendre un peu mieux demain. Laissons-les partir et allons au lit!
A peine Frédéric a-t-il fini sa phrase, que la voiture démarre et roule en direction de la ville. Elle emmène ses quatre mystérieux occupants.

Chapitre XVIII

LA CLÉ DU MYSTÈRE

Ce soir, les enfants ont pris leurs précautions pour ne pas être retenus par les parents. Dès la fin du dîner, ils courent vers la crique. Ils choisissent un poste valable : un bloc de rochers. Ils attendent...

Quelques minutes plus tard, ils entendent la voiture. Les «détectives» se regardent en souriant, et Frédéric met un doigt sur ses lèvres pour demander le silence.

– Ce soir, vous avez compris, nous viendrons plus tard! dit l'un des hommes en s'affairant autour du bateau.

– O.K! répond une femme.

– A quelle heure, reviendrez-vous? demande l'autre.

– Vingt-deux heures trente.

– Pas avant; cela ne servirait à rien, précise l'autre.

– Bien, chef! se moque la femme aux cheveux longs.

– Espérons que cela en vaudra la peine, dit l'autre femme.

– Espérons!... A tout à l'heure! répond un des hommes en mettant le moteur en marche.
L'embarcation s'éloigne. Les deux femmes remontent.
– Ouf! il était temps qu'elles s'en aillent! Je commence à avoir des fourmis dans les jambes! déclare Samantha.
– On va rentrer et on ressortira vers

vingt-deux heures quinze, précise Frédéric.

A l'heure dite, ils se glissent sans bruit hors des *Récifs* .Ils regagnent leur poste d'observation.

– Il est la demie ! murmure Samantha. Que font-elles ?

– Tu as tort de t'inquiéter, Sam. Les voilà ! chut !...

En effet, les deux femmes arrivent.

– Personne à l'horizon ! dit l'une d'elles. J'espère qu'ils n'ont pas eu de nouveau des problèmes avec la gendarmerie !
– Ils doivent être encore loin ! On devrait remonter sur la falaise et refaire des signaux ! dit l'autre.
– Tu as raison !
Les enfants écarquillent leurs yeux. Ils entendent les femmes s'en aller ; puis, c'est le silence. De leur cachette, ils ne peuvent pas voir le large. Ils ignorent si l'embarcation répond aux signaux.
Peu après, les femmes reviennent et s'assoient sur un rocher.
– Ils ne vont pas tarder. Ils savent que nous sommes là, dit l'une.
– Je n'aime pas ce coin désert ! avoue l'autre.

Quelques minutes après, on entend le ronflement du moteur. Il augmente au fur et à mesure que le bateau approche de la côte.
Les femmes se lèvent et braquent leur torche en direction du goulet. Un point lumineux apparaît derrière les rochers; les enfants retiennent leur souffle!
– Alors? demande une des femmes.
– Curieuse!... Tu es pressée de compter le butin, hein?
Les enfants écarquillent de nouveau les yeux pour ne rien perdre du spectacle; ils vont peut-être apprendre quelque chose.
– C'est intéressant, ce soir? interroge la femme au foulard.
– Elle est âpre au gain, ta femme!

dit l'un des hommes en riant.

– Pas de chance! Inutile de vous réjouir, c'est maigre! reprend le premier en tirant le bateau sur le sable.

– Vraiment rien? insiste celle dont la torche éclaire l'intérieur du bateau; et là-dessous? On commence à connaître vos cachettes! En s'esclaffant, l'un des hommes sort le sac dissimulé sous un seau.

Il le vide dans le bateau.

– Admirez le travail ! dit-il fièrement.

– Ça alors ! s'exclament les deux femmes en même temps.

– Quatre bars assez gros et une douzaine de tacauds...

– C'est plus brillant que certains soirs !

– Tu critiques ? dit l'un des

hommes en riant, la prochaine fois, vous irez toutes les deux!... Vous verrez un peu!... Ah! vous vous moquez, hein?...

– On ne se le permettrait pas... D'ailleurs, ce soir, vous vous êtes très bien débrouillés! Et le casier? Vous êtes allés le relever?

– Vide! comme d'habitude! Nous devrons nous faire une raison et renoncer à manger du homard!

– Tant pis!

– On s'en passera!

Pendant ce dialogue, les enfants stupéfaits n'ont pas dit un mot. Ils n'en croyaient pas leurs oreilles!

Les pêcheurs remontent sur la falaise. Les langues se délient.

– Des pêcheurs! dit Frédéric.

Il semble navré.

– On avait tout imaginé, sauf ça! s'exclame Yannick à son tour.
– Ils sont inoffensifs, nos trafiquants! ajoute Samantha dire que nous avions peur d'eux!
– La lumière les prévenait que les femmes les attendaient pour les guider dans le goulet! dit Frédéric.
– Pourquoi ont-ils eu peur des gendarmes? demande Sabine.
– Parce qu'ils n'ont pas tous les feux obligatoires, répond Frédéric.
– Ils riraient de nous et de notre imagination, s'ils savaient, conclut Yannick.

Chapitre XIX

DERNIERS JOURS DE VACANCES

Même s'ils sont un peu déçus, depuis qu'ils ont trouvé la clé de leur énigme, les enfants ont repris un rythme de vie normal.
Ils ne s'ennuient pas vu le nombre

de distractions qu'ils ont. Le temps passe vite entre les baignades, les promenades et les parties de pêche.

– Avoir pris des pêcheurs pour des gangsters, il fallait le faire, dit un jour Samantha en riant.

– Dommage! J'aurais bien aimé que ce soit une histoire louche, répond Frédéric.

– Et qui aurait pu mal tourner? Merci. Moi, je préfère cela, réplique Sabine.

Yannick pousse un profond soupir :

– Dans deux jours, nous serons à Paris, dit-il.

– En attendant, allons cueillir des mûres du côté de chez monsieur Léon, propose Samantha. Il y en a beaucoup.

Les voilà partis à bicyclette...

– Arrêtons-nous là ! On va laisser les vélos le long de la barrière, déclare Samantha.
De chaque côté du sentier, les ronces tendent leurs branches entremêlées, chargées de gros fruits noirs.
– Ce qu'il y en a ! s'émerveille Sabine. On va pouvoir remplir nos sacs !
Chacun repère un coin.

La cueillette commence.
Sabine picore.
– Si tu manges tout, au fur et à mesure, tu n'arriveras jamais à remplir ton sac! fait remarquer gentiment Samantha à sa cousine.
– C'est drôlement bon! et j'en profite. Ce n'est pas à Paris que j'en mangerai! répond-elle avec raison.
– Faites attention : n'en mettez pas sur vous! Maman nous dit : «Il n'y a rien qui tache comme ça!» déclare Samantha en riant.
Et devant l'air abasourdi de Sabine :
– C'est vrai! affirme Frédéric.
Sacs et paniers sont vite pleins.
– Allez, on rentre! Maintenant, il faut faire la gelée. Au travail!... déclare Samantha.

Chapitre XX

LE DÉPART

– Vos bagages sont prêts? demande monsieur Brazidec.

– Presque! Les vélos sont à la gare depuis ce matin, répond Yannick.

– Vous ne regrettez pas trop d'être venus passer vos vacances avec vos cousins turbulents? poursuit l'oncle en riant.

– Au contraire! Nous nous sommes bien amusés! répond Sabine.

– Dans ce cas, cela ne devrait pas vous sembler pénible de passer les vacances de Noël avec eux?

– Les vacances de Noël? répète Sabine incrédule.

– Ça n'a pas l'air de te plaire?

– Ce serait trop beau !
– Papa et maman ne voudront pas que nous passions Noël loin d'eux ajoute Yannick.
– Je comprends très bien, dit madame Brazidec. Il n'en est pas question. Nous avons téléphoné à vos parents et nous avons décidé de passer les vacances ensemble. Sans doute à la neige.

Comme votre papa a dû renoncer à ses vacances d'été, il prendra quelques jours pour les fêtes. C'est bien !
– Chic ! s'exclame Samantha.
– Allez terminer vos bagages, et rappelez-vous : un trimestre est vite passé ! dit monsieur Brazidec.
– Cette bonne nouvelle a rendu la joie à l'équipe. Les enfants sont moins tristes de se quitter. Ils

forment des projets pour les prochaines vacances.

Et voilà ! Le train va partir. Yannick et Sabine ont été confiés à des relations des Brazidec pour le voyage. A la fenêtre du compartiment, ils écoutent les dernières recommandations de leur tante :

– Faites attention au grand sac. J'ai mis quelques pots de gelée de mûres !... J'espère qu'ils ne se renverseront pas ; il n'y a rien qui tache comme ça !...

Frédéric et Samantha ont fait chorus avec elle lorsqu'elle a prononcé la phrase, désormais célèbre. Ceci a le don de dérider les petits visages angoissés. Le train s'ébranle au milieu des rires.

FIN

N° d'impression : 370286
Imprimé en Tchécoslovaquie
Edition avril 86

Table des matières :